MÁRCIA TEREZINHA CESAR MINÉ GERALDO

O SILÊNCIO DE MARIA

Coleção Escola de Maria
1

DIREÇÃO EDITORIAL:
Pe. Fábio Evaristo R. Silva, C.Ss.R.

CONSELHO EDITORIAL:
Ferdinando Mancilio, C.Ss.R.
Gilberto Paiva, C.Ss.R.
José Uilson Inácio Soares Júnior, C.Ss.R.
Marcelo da Rosa Magalhães, C.Ss.R.
Mauro Vilela, C.Ss.R.
Victor Hugo Lapenta, C.Ss.R.

COORDENAÇÃO EDITORIAL:
Ana Lúcia de Castro Leite

REVISÃO:
Sofia Machado

DIAGRAMAÇÃO:
José Antonio dos Santos Junior

CAPA:
Núcleo de Criação do Santuário Nacional

Dados Internacionais de Catalogação na Publicação (CIP) de acordo com ISBD

G354s   Geraldo, Márcia Terezinha C. M.

         O silêncio de Maria / Márcia Terezinha C. M. Geraldo. - Aparecida, SP : Editora Santuário, 2020.
         32 p. ; 14cm x 21cm.

         Inclui índice.
         ISBN: 978-85-369-0617-1

         1. Cristianismo. 2. Maria. I. Título.

2019-2039   CDD 240
                                                                                          CDU 24

Elaborado por Vagner Rodolfo da Silva - CRB-8/9410

Índice para catálogo sistemático:
1. Cristianismo 240
2. Cristianismo 24

2ª impressão

Todos os direitos reservados à **EDITORA SANTUÁRIO** — 2020

Rua Padre Claro Monteiro, 342 — 12570-000 — Aparecida-SP
Tel.: 12 3104-2000 — Televendas: 0800 16 00 04
www.editorasantuario.com.br
vendas@editorasantuario.com.br

INTRODUÇÃO

O silêncio resume Maria, sua vida foi quietude e paz, não só uma paz acomodada, mas uma autêntica paz inquieta. Ela estava preparada para ouvir a voz do Criador, por isso seu eco foi tão perfeito. Antes de tudo, é preciso reconhecer que Maria fez, de fato, a experiência do silêncio. Durante toda a sua vida esteve atenta às manifestações da voz de Deus, nas coisas mais simples. Lucas nos fala que ela conservava em seu coração tudo o que atravessava sua história (Lc 2,19; 2,51). Sabemos que não existe uma biografia da Virgem de Nazaré, tampouco temos acesso ao Jesus histórico. O que encontramos é sempre um fato associado à teologia, um acontecimento histórico que sempre está ligado a uma interpretação da fé. Vamos lançar um olhar não somente para uma mariologia que vem de baixo, de uma história quase desconhecida de uma mulher do povo de Deus, que se compreende amada por Deus e livremente se faz serva do Senhor (Lc 1,30), e proclama: "O Senhor olhou para a pequenez de sua serva", vamos olhar também para uma mariologia que vem de cima, do esforço da reflexão teológica, daquele e daquela que se coloca no olhar de Deus e, perplexo, descobre que Maria é a "Cheia de Graça... a bendita entre todas as mulheres" (Lc 1,48). Não podemos correr o risco de imaginar que nela tudo era fácil e transparente, muito menos pensar que ela sabia de tudo, que seria a mãe de Deus, que sabia antecipadamente que seu Filho Jesus era o Filho do Altíssimo, que ela seria a bendita entre todas as mulheres. Não é uma fantasia que os Evangelhos nos revelam. Pelo contrário, os Evangelhos nos apresentam uma Maria caminhando na obscuridade da fé[1]. Sua prima Isabel deixa bem claro: "Feliz és tu que creste" (Lc 1,45). Maria não compreendia tudo e tinha que assumir os misteriosos caminhos de Deus. Mesmo assim, ela confia, sua fé vai crescendo mediante a reflexão e meditação dos acontecimentos de sua vida iluminados pela Palavra de Deus. Ela refletia o que poderia significar a saudação do anjo. Ela vai superando a perturbação inicial e diz: "Fiat!" A anunciação revela toda a dinâmica da fé de Maria, perturba-se, tem medo. Descobre a mão de Deus Espírito Santo que a conduz pelo caminho da fé, que é a antecipação das coisas que já espera a prova das realidades que não se vê. Maria acreditou sem se dar conta de toda a profundidade daquilo que ouvia no silêncio de seu coração. A vida vai, a cada dia, tornando manifesto aquilo que a princípio lhe parece confuso. É próprio da vida de fé viver no lusco-fusco, ir aos poucos criando luz, na medida em que se entrega totalmente aos planos de Deus. Quando falamos no silêncio de Maria, evocamos um complexo prisma de reflexão, que se resume em total disponibilidade e receptividade. Quando falamos no silêncio de Maria, queremos significar expressões como profundidade, plenitude e fecundidade, evocando, também, conceitos, tais como, fortaleza, domínio de si, maturidade humana. E, de maneira muito especial, os vocábulos *Fidelidade e Humildade*, que podemos considerar quase que sinônimos da palavra silêncio[2].

1. FECUNDIDADE DO SILÊNCIO

A vida de Maria se parece com uma espiral crescente, na qual acontece um movimento contínuo e progressivo de ouvir, meditar e frutificar. Assim, ela vai se movimentando e aprendendo a crescer na fé, caminha e aprende um pouco mais. Discretamente, ela partilha suas descobertas, reelabora-as em um processo contínuo[3]. Assim, a peregrina na fé vai se transformando em discípula de seu Filho, Jesus de Nazaré. Na vida de Maria há muitos e eloquentes silêncios, desses que falam mais que mil discursos. Maria é criatura criada por Deus, ser humano e não um ser celestial, e sua imagem neotestamentária é humilde, discreta, histórica, mesmo reconhecendo que já no Novo Testamento ela aparece como figura simbólica. Ela é mãe de Jesus, por isso testemunha da verdadeira humanidade Dele (Gl 4,4). É a cheia de Graça que crê, mas nem a graça nem sua fé lhe pouparam a espada da dor, do escândalo da contradição, da aflição. Olhando para ela, podemos observar um processo que anuncia nosso próprio caminho. Sua causa não é outra senão a mesma de seu Filho Jesus de Nazaré, que é a causa de Deus. Neste sentido, Lucas acerta em cheio: os pronunciamentos de Maria, no *fiat* e no *magnificat*, estão repletos de sentido teológico existencial, histórico e de projeto do Reino de Deus. A reflexão teológica de

Maria não deixa espaço para um silêncio de submissão, opressão da mulher. Pelo contrário, Maria dos Evangelhos nos devolve a imagem de uma mulher crente ativa, responsável, madura, livre, na qual sua qualidade de profeta e discípula está inserida na comunidade eclesial do tempo apostólico[4].

1.1. Primeiro silêncio

O primeiro deles é aquele que se refere à vida antes da anunciação. Quem era Maria? Os Evangelhos nada falam sobre o passado de Maria. Omitem o nome de seus pais e não nos dão qualquer informação. O evangelista Lucas revela que ela era imaculada, cheia da graça de Deus, virgem prometida a José. E só. Antes disso, um grande e misterioso silêncio, que nos deixa curiosos e sem respostas. Somente Maria sabia quando seria a plenitude dos tempos[5], o kairós em que a Palavra se haveria de transformar.

Nos últimos anos, algumas pesquisas arqueológicas, históricas e literárias forneceram dados para possibilitar conhecer um pouco mais da Palestina do século I e as características da sociedade do tempo de Jesus[6]. É possível afirmar, com certo grau de confiabilidade histórica, que Maria era uma mulher pobre que viveu a maior parte de sua vida na pequena cidade de Nazaré, mais precisamente na região norte da Palestina denominada Galileia. Em sua época, sofria as discriminações impostas às mulheres daquela região: pouco acesso aos espaços públicos para aprender a escrever e ler, restrição ao espaço privado da casa, alguns riscos de abandono no caso de viuvez. Como judia, Maria conhecia os preceitos da Torá e se autocompreendia à luz da Aliança com Javé, ouvia os relatos dos profetas, rezava os salmos, guiava sua existência pelos escritos sapienciais[7]. Na verdade, a vida da jovem de Nazaré não foi marcada por "grandes acontecimentos". Ao contrário, foi uma vida simples e dura, no ordinário do cotidiano. Partilhou a situação social humilde da maioria das mães daquele povo, situação que o texto bíblico chama de *tapienôsis* (Lc 1,48). Ela é essencialmente a mulher do dia a dia. Para traçar a real personalidade dessa filha de Israel, há que se conhecer um pouco de seu curso cotidiano e de seus trabalhos diários[8].

Do ponto de vista da estrutura familiar, as pesquisas históricas mostram que os judeus viviam em clãs, famílias grandes que viviam sob o poder da figura masculina. Nesses clãs, os papéis do homem e da mulher eram bem definidos. Como acontecia em grande parte das famílias mediterrâneas, a mãe tinha domínio maior dentro de casa e estabelecia fortes laços com seus filhos[9]. Ela se levanta bem antes de clarear o dia (Mc 1,35; 16,2), são muitos os trabalhos domésticos e é preciso começar cedo. Naturalmente, seu primeiro pensamento é para o Eterno, como era de rotina e mandava a religião da Aliança. Havia o costume de pronunciar uma *berakhá*[10] ou bênção por qualquer coisa pequena que perpassasse o cotidiano de todo o povo hebreu piedoso. *Baruch Adonai*, "Bendito seja o Senhor" por isso e por aquilo. Era proferido basicamente uma centena de *berakhot* por dia. Quem usasse alguma coisa sem antes dar graças ao Senhor era considerado um ladrão, um usurpador[11]. Assim, Maria, tão logo abre os olhos, louva a Deus: "Bendito sejais vós, Eterno nosso Deus, rei do universo, que abris os olhos dos cegos". Ela levanta seus braços, murmurando: "Bendito sejais vós, Eterno nosso Deus, rei do universo, que desatais o que está ligado"[12]. Olha então para o filho Jesus e para o marido

José, que logo mais também se levantarão. Aliás, como não iriam acordar? Como dormem todos no mesmo cômodo, praticamente um ao lado do outro, basta que um se levante, para que os demais também acordem (Lc 11,7).

1.2. Segundo silêncio

O segundo silêncio de Maria sobre o mistério da encarnação gerou a dúvida de José, que depois seria visitado em sonhos pelo anjo (Mt 1,20s). Maria e José estão inseridos na realidade de seu tempo: "Meu filho, por que agiste assim conosco? Vê, teu pai e eu, nós te procuramos cheios de angústia" (Lc 2,48). Lucas, nesse episódio, apresenta Maria juntamente com seu marido José, conhecido como homem justo. A angústia em seu coração de mãe e de mulher não era somente dela; era igualmente sentida no coração de José. Ao se dirigir diretamente a seu filho Jesus, Maria apresenta-se como mãe e mulher casada e está, juntamente com seu esposo, à procura de seu filho.

Diante disso, é possível destacar o seguinte: primeiro, a participação de José é ativa nesse episódio; segundo, o pronome pessoal "nós" mostra a atuação direta e dinâmica do casal, um casal partilhando a vida a dois e seus contratempos[13]. José pode ter passado também por um momento de crise, diante da evidência da gravidez de Maria, mas sempre age buscando o bem, inspirado por Deus[14]. Todo o conjunto dos acontecimentos, que narram a atuação dos pais de Jesus, traz uma densidade teológica mariana extraordinária. Maria e José assumem um comportamento juntos: o costume de reter em seu coração o que no momento não compreendem, é um ato de fé (Mt 1,24). As atitudes e gestos do filho Jesus, dos quais os pais participam ativamente, estão repletos de revelação para o casal. Eles acolhem com inteligência o sentido profundo dos acontecimentos, que perpassam por sua memória, por seus sentimentos, pensamentos e por decisões. O discernimento da fé, a esperança, o amor às palavras, que ainda não são capazes de compreender, remetem-nos à experiência do mistério que tiveram no anúncio da encarnação (Mt 1,18-25).

No Mistério da encarnação Deus revela seu modo de ser com a humanidade, manifesta também a forma como motiva cada pessoa a realizar, em seu dia a dia, a missão originada no Mistério Trinitário. Maria e seu esposo, José, procuram o significado dos fatos e, a partir de uma experiência concreta à luz da fé, buscam os sinais históricos que chegam até eles como mistério[15]. O nascimento que a maternidade humana e divina de Maria revela dá uma forma visível à ação do Espírito Santo que habita nela e se revela na pessoa de seu Filho Jesus.

Um nascimento novo, que não exclui a contribuição humana e que se realiza, sobretudo, pela força do Espírito de Deus, que ultrapassa a dimensão humana de Maria para que seu filho possa assumir sua natureza divina[16]. Nesse sentido, Maria, como mulher, supera a realidade de mulher histórica para abrir-se à dimensão universal de ser a mulher de fé, a mulher da esperança, de amor de mãe que se abre à dimensão universal de toda a humanidade[17].

1.3. Terceiro silêncio

O terceiro silêncio de Maria poderíamos buscá-lo em sua vida oculta, no lar de Nazaré. Desde a gruta de Belém, ao exílio no Egito e ao retorno à Galileia, a mãe de Jesus guardou silencioso recolhimento em seu coração. Ela, até o início da vida pública, não diria nada, a ninguém, a respeito de seu Filho. Ela não procurava, como nós, as glórias do mundo que os homens dão às pessoas importantes. Ela apenas curtiu os grandes e fecundos silêncios de Deus. Um silêncio que nós hoje não sabemos fazer...

Maria é o lugar da vinda de nosso Salvador em dois sentidos. O primeiro deles, por seu "sim" à comunidade divina. Com seu *Fiat* ela torna visível no meio de nós Deus-comunidade de amor por intermédio de Jesus Cristo, que é o Filho de Deus e obra criadora do Espírito. O segundo, porque a corporeidade[18] de Maria se torna lugar concreto da visibilidade de Jesus em três dimensões: na dimensão do Espírito, que realiza em Maria a promessa messiânica do Antigo Testamento; na dimensão do mistério da encarnação, que inicia em Maria os autênticos sinais da revelação do desígnio arcano do Pai (Rm 16,25-27); e, na dimensão da contemplação de Deus como comunidade de amor. Portanto, Maria antecipa para a comunidade a maternidade-paternidade divina já nesta Terra, em vista do reino definitivo[19].

1.4. Quarto silêncio

Na vida pública de Jesus, encontramos o quarto silêncio de Maria. Mesmo acompanhando o filho em tantas atividades missionárias, enquanto Jesus evangelizava com discursos, denúncias, curas e grandes sinais, ela o fazia de outro modo. Com oração, presença e silêncio. Nesse período, ela só falou em Caná, lugar privilegiado do primeiro milagre. Primeiro disse ao Filho que o vinho faltara naquela festa. Depois, aos serventes[20] (e continua dizendo a nós): "Façam tudo que ele disser a vocês" (Jo 2,25). Maria esteve presente e silenciosa, à frente na cruz. De pé e calada (Jo 19,25).

Sua vida era no meio familiar, onde dominava o cotidiano. Um cotidiano que se contrapõe frontalmente ao carismático, ao fora do comum. Foi somente quando seu Filho saiu para seu ministério profético que se iniciou uma tensão dentro de sua parentela, vindo a tornar-se aguda. Ela, contudo, sabia viver seu cotidiano de forma carismática, e com seu jeito de ser, aprendeu também a ver no filho de seu ventre os traços do Mistério de Deus (Lc 8,21; 11,27-28). Ela também participou da expectativa de seu povo: a vinda de um Rei Todo-Poderoso. No entanto, teve que, aos poucos, ir mudando de ideia. A diferença é que, o que para os outros era tido como escândalo e motivo de rejeição, para ela era mistério, um mistério que a convidava cada vez mais a uma entrega na fé[21]. Uma mulher que aprendeu a viver uma desapropriação radical do fruto de suas entranhas. Como mãe, sentiu toda a força do instinto materno protetor que deseja reter, e ao mesmo tempo vive toda a pulsão da vida que quer dar e entregar. Por isso, deixou serenamente seu filho seguir sua livre e única missão, oferecendo-se a Deus e ao mundo[22].

1.5. Quinto silêncio

O quinto e expressivo silêncio de Maria, que coroa sua vida terrena, aconteceu depois da ascensão de Jesus. Depois da subida do Filho aos céus, cai um silêncio profundo sobre a vida de Maria. Onde morou depois? Quantos anos mais ainda viveu? Na caminhada da Igreja que nasce, sente-se a presença de Maria, sente-se um silêncio, uma animação. No silêncio de Maria, a Igreja aprende a caminhar na direção do Reino.

Durante todo o período da história da salvação, Maria, ainda que prevista e profetizada ao longo dos séculos, desde o paraíso terrestre, apenas se torna realidade operante e eficiente no momento de seu *Fiat*, de seu consentimento expresso no evento salvífico da anunciação. Sua cooperação continua mesmo depois de sua assunção ao céu por meio de sua intercessão múltipla pela salvação de todos os irmãos de seu Filho Jesus. Porém, nenhuma cooperação sua deve ser entendida como salvação, que vai desde o momento da criação até a encarnação. Não existe nenhuma intervenção direta de Maria específica sobre a salvação do cosmo. Seja como Mãe, seja como sócia do Redentor, Maria cooperou verdadeiramente para que a humanidade fosse libertada da escravidão do pecado e pudesse abrir para si o caminho da salvação[23]. Não obstante, sua contribuição e sua intercessão atual para a realização da salvação de toda a humanidade vão além; estendem-se a todas as formas existenciais de desenvolvimento e de promoção, antropológica, social, eclesial, que levam o homem a realizar-se integralmente como filho de Deus e a Igreja a concretizar-se como povo e família de Deus[24]. Diante disso, a inclusão de Maria de Nazaré no mistério de seu filho Jesus, que é o mistério da Comunidade divina, tem origem em Deus (Cl 2,2-3). Significa que é Jesus Cristo quem revela para toda a humanidade, na ação do Espírito Santo, a chegada do Reino de Deus, que é essencialmente a salvação de todas as pessoas, sem distinção de raça e de nação.

2. O CAMINHO DO SILÊNCIO

Do Antigo Testamento, Maria tirou as lições silenciosas de aceitação à soberana vontade de Javé: *Por acaso a argila pergunta ao oleiro: O que estás fazendo?* (Is 45,9b). Sentindo-se barro nas mãos do artista, Maria acolhe, no silêncio da fé e da humildade, sua missão. Em suas pregações, Jesus haveria, posteriormente, de exaltar essa silenciosa humildade: *Quem se humilha será exaltado* (Lc 14,11). Nos livros sapienciais do Antigo Testamento, encontramos o silêncio como figura de algo eficaz: *Enquanto um silêncio profundo envolvia todas as coisas, e a noite estava pela metade, a tua Palavra, todo-poderosa veio do alto do céu, de seu trono real e lançou-se sobre a terra* (Sb 18,14s). Jesus, há quem diga, aprendeu o cerne das bem-aventuranças no silêncio do seio de Maria, sua mãe. Nesse silêncio expressivo Cristo foi gerado. Ali "o verbo se fez carne", a Palavra tornou-se homem, a salvação começou a tomar corpo, a Igreja surgiu. Silêncio pode significar uma porção de coisas. No caso de Maria, não é passividade, mas introspecção; não é apatia, mas revolucionária e transformante atividade.

Maria dialoga com o enviado de Deus para conseguir discernir sobre as condições da concepção. Toda a estrutura da Anunciação é dialogal, e Maria aparece como autêntica parceira de Deus. A Virgem reflete em silêncio, pergunta, e enfim dá, sem titubeios, sua adesão[25]. A segunda frase pronunciada por Maria ao anjo a revela como uma pessoa totalmente aberta ao diálogo e mostra que sabe objetar diante de certas situações pessoais. Após a explicação do Anjo – teofonia divina – assim ela responde a seu interpelador[26]: "Eu sou a serva do Senhor; faça-se em mim tua palavra" (Lc 1,38).

Com seu *Fiat*, Maria dá início à plenitude do mistério da Encarnação, que se faz presente nela e em toda espécie humana, por adoção. Maria acentua o serviço e o acolhimento da missão que nasce de tal serviço. Observa-se que o modo de ser de Deus na palavra atribuída a Maria é tipicamente o modo feminino de ser de Deus: Ele se dá a conhecer por meio do serviço que preside todo o processo de redenção humana e cósmica[27]. Diante da proposta de Deus, Maria responde prontamente. Seu "sim" ecoa forte e, sem dúvida, repleto de generosidade. Totalmente disponível para Deus, Maria une a liberdade com a vontade: "Eis aqui a servidora do Senhor. Eu quero que se faça em mim segundo tua palavra" (Lc 1,37). Essa total entrega do coração a Deus tem um nome muito simples: *fé*. Isso significa arriscar-se e jogar-se nas mãos do Senhor com total confiança. Maria escutou a Palavra de Deus, acolheu-a em seu coração abrindo um espaço em seu interior, deixou Deus entrar. Saiu de si mesma e investiu toda a sua vida em um grande projeto, aquele a que se sentiu chamada a participar. Com a Anunciação, ela inicia um longo caminho de peregrinação na fé, ao responder ao apelo de Deus, aceitando a proposta do Senhor com o coração aberto, em um grande gesto de generosidade e de fé[28]. Aqui, a liberdade de Maria não é mera expressão de autonomia e de autoafirmação. Se fosse assim, seria apenas livre-arbítrio, entendido como capacidade de escolha entre várias alternativas[29]. Livre-arbítrio aqui supõe não estar submetido a um outro, como um escravo enquanto liberdade significa não estar escravizado aos próprios caprichos (ao "eu egoísta"), mas ao próprio querer real (ao "eu superior"). Essa última efetivamente é a liberdade que diz "sim"[30].

Maria, na narrativa da anunciação, não está paralisada pela timidez; pelo contrário, ela é forte o bastante para se arriscar a crer em algo incrível a respeito de si mesma. "O Senhor está contigo", com essa frase, que revela sua experiência espiritual, ela consegue discernir a voz de Deus em sua vida, dando-lhe a missão de uma grande tarefa, e se compromete com coragem e liberdade para atender ao apelo divino. Colabora decisivamente, e sua escolha muda toda a sua vida e também a vida de toda a humanidade. Ela deve ser vista como pessoa autônoma, sensível e receptiva, corajosa e criativa, ao responder à divina missão que recebeu[31]. Essa relação consigo mesma, que Maria viveu, implica que se viva em conformidade com aquilo que já se é por sua vocação fundamental de criatura criadora. Nunca se deve esquecer que a liberdade é um dom que encontra em Deus criador sua fonte e seu fundamento. A liberdade, porque é dom, tem necessidade da alteridade[32].

Liberdade é a capacidade de ser sujeito autônomo das próprias ações e responsável por elas diante do outro. Portanto, não há "sujeitos sociais", se não houver antes "sujeitos pessoais", e isso acontece porque sociedade é a expansão ontológica da pessoa, e não ao contrário. As pessoas são essencialmente sociais, e a sociedade, por sua vez, é essencialmente sociedade de pessoas livres. Nesse sentido, a Virgem na Anunciação demonstra a força potencialmente criativa que se manifesta naquele que se abre à vontade de Deus. Maria entrega-se ao amor de Deus, que a acolhe. Ela é inteira em sua doação amorosa e se abre à Palavra sem hesitações e com exultação enorme no coração. Com total confiança lança-se nos braços do Senhor, em um arrebatamento incontido[33].

Maria de Nazaré era uma pessoa perfeitamente integrada e harmoniosa. Para aderir à vontade em tudo, a luta da jovem nazarena não foi menos exigente do que a de qualquer outra pessoa, muito pelo contrário. O peso da existência era para ela imensamente maior, visto que sua missão foi decisiva, no plano da redenção. Esse fardo, porém, tornou-se mais leve por causa da maior disposição interior com que submeteu seu colo ao "jugo de Cristo" (Mt 11,29-30). Sem dúvida, a Virgem de Nazaré foi uma pessoa privilegiada, singularíssima, única, infinitamente única. Mas nem por isso se tornou uma figura estranha, inalcançável, inimitável. Diante dos outros seres humanos, imperfeitos, pelo contrário, ela é a medida viva da perfeição. É de uma medida assim que os seres humanos precisam, para que possam crescer emocional e espiritualmente[34].

O aprofundamento do papel de Maria no plano salvífico de Deus incluía sua missão de mulher e profeta, aquela que se fez pobre com os pobres e que, junto a seu filho, se empenhou no projeto libertador de toda a humanidade. Somente a partir dessa perspectiva é que os cristãos podem compreender o comportamento de Maria, não só na perspectiva espiritual, mas também histórica, junto a seu povo e junto à comunidade cristã[35]. Maria representa a realização plena do que a alma deseja no mais profundo de si mesma. Entre a humanidade e ela existe uma identificação profunda, que se revela nos sonhos mais secretos, nas decisões mais acertadas e no derradeiro destino[36].

3. OS FRUTOS DO SILÊNCIO

O silêncio de Maria não é estéril ou inócuo[37]. Pelo contrário, ele é rico em revelações, prodigioso em encontros. É difícil tirar lições do silêncio. Em geral o que comove, convence e efetua mudanças são as palavras, os discursos, os debates. No caso de Maria, mãe de Jesus, dá-se o inverso. Ela é a mãe silenciosa que ama, crê, sofre, espera, por isso seu exemplo de silêncio traz consigo uma carga evangelizadora superior a milhares de palavras[38].

A saudação angélica convoca Maria a alegrar-se porque a salvação chegou. A alegria de Deus é completa, Ele mesmo virá para alegrar suas criaturas (Sl 103,31). No Evangelho de Lucas, lê-se que o anjo Gabriel foi enviado a Nazaré, a uma virgem chamada Maria. O anjo não se dirige à Judeia, lugar da promessa, mas à *Galileia dos gentios* (Mt 4,25). Maria é a bem-aventurada, não apenas porque Deus realizou nela grandes coisas (Lc 1,49), mas porque ela acreditou (Lc 1,44). Do lado de Deus, que propõe e intervém miraculosamente (Lc 1,28.35), do lado da Virgem, que se abre a sua mensagem e a sua ação, o acontecimento inaugural da redenção é integralmente puro, integralmente religioso[39]. Aquela a quem Deus dirige sua mensagem é santa: ela é a *kecharitomene* (Lc 1,28), o objeto de todas as complacências divinas. Seu estado é Santo: Ela é Virgem (Mt 1,18,23; Lc 1,27), a virgindade voluntária e votiva[40]: "Como se dará isso se não conheço homem algum?" (Mt 1,34), a primeira célebre frase de Maria, que denota a personalidade de uma mulher madura que tem um projeto de vida a realizar. Na perícope da Anunciação do Senhor, Lucas mostra que por duas vezes Maria intervém para saber discernir o que lhe estava sendo proposto como chamado do Senhor (Lc 1,26-48). O evangelista traça a figura de Maria como sendo uma mulher que toma iniciativas diante das propostas de serviço que são feitas, uma mulher que pensa, questiona o que lhe é solicitado, que se indispõe com aquilo que não compreende por si mesma e, acima de tudo, uma mulher que sabe silenciar diante do mistério insondável da Palavra divina[41]. Pela reflexão, a mulher de Nazaré busca penetrar o mistério da revelação divina que a surpreendeu. A perturbação de Maria e o espírito intrigado que ela demonstra são comportamentos próprios de toda pessoa que se dedica ao labor de perscrutar o sentido mais profundo da Palavra a partir da prática concreta na vida humana. Esses comportamentos correspondem à missão que cada mulher e cada homem realiza como serviço em meio ao povo de Deus, com o qual vivem os fatos e acontecimentos da história, com os quais partilham momentos altos e baixos do cotidiano existencial[42]. Toda pessoa, que assim como Maria reflete os fatos da vida como revelação de Deus, tem como missão lançar luz sobre o cotidiano e avançar na caminhada de fé, por meio da reflexão e da penetração da Palavra e do mistério que a palavra traz consigo. A Palavra provoca em

Maria a perturbação teológica[43], que deixa seu espírito intrigado como o mistério que tal palavra carrega consigo. Esse processo de discernimento desencadeia o desvelamento do mistério da atuação de Deus no meio de seu povo e na vida de cada um que nele crê. Partindo da realidade concreta, essa é a missão da mulher teóloga e do homem teólogo: perguntar sobre o sentido profundo da mensagem que a vida, os fatos e a história humana dão ao Deus Comunidade, que vem a se revelar a seu povo por intermédio do homem e da mulher[44]. Podemos imaginar quantas vezes, depois da Anunciação, Maria se questionou diante do aparente contraste entre sua situação real e tudo o que estava escrito no Antigo Testamento! Quantas vezes foi necessário que seu esposo José a tranquilizasse para encorajá-la lembrando das palavras do anjo em seu sonho, "Não temas... pois o que ela concebeu é fruto do Espírito Santo" (Mt 1,20)[45].

CONCLUSÃO

É a vida terrena de Maria que culmina em sua Assunção[46] ao céu, por isso é importante estabelecer uma continuidade entre tudo o que ocorreu na vida de Maria no final de seu curso e o que neste já estava presente à atuação de Deus em sua vida. Podemos observar a vida de Maria como um espaço aberto a Deus, ou seja, uma ação em sua vida histórica que será assumida por Deus. A corporeidade de Maria pode ser tomada como um paradigma que nos ajuda a compreender seu mistério. Maria foi uma mulher concreta, podemos pensá-la com sua feminilidade genética, sua realidade psicológica, sociológica e cultural. A realidade da Mãe de Deus está inscrita em um corpo de mulher, que sobressai a dimensão relacional. Pela plenitude da graça coube a ela, de uma forma ativa, livre e responsavelmente, abrir espaço para acolher aquele que desejou nascer dela, podemos deduzir que no silêncio de seu coração a humanidade assumiu a divindade, e a divindade assumiu a humanidade[47].

Diante do desejo de Deus de fazer-se carne, Maria ofereceu sua própria carne: *"Carne de Cristo, carne de Maria"* (adágio a Agostinho). O verbo de Deus se fez carne da carne de Maria. E é o Deus Conosco que vai crescendo e se desenvolvendo a partir do corpo de sua Mãe, que lhe transmitiu seu ser. O menino gerado no ventre de Maria é um dom de Deus, vem de Deus, é obra do Espírito divino. Este é o significado cristológico da concepção virginal. O menino Jesus realmente humano é, simultaneamente, divino: ele é o filho de Deus[48]. Uma mediação corpórea na mais íntima relação recíproca entre o Criador e a criatura. Encontramos aqui uma profunda relação de reciprocidade entre a mãe e seu filho. É pela mediação de seu corpo materno que Maria não apenas gera e dá à luz, como também guia Jesus de Nazaré ao conhecimento de si, veste-o, embala-o, protege-o, transmite-lhe uma língua, uma fé, uma tradição, uma cultura, pega-o no colo e sofre com suas dores e carências[49].

Para concluir, Maria percorreu, pela graça de Deus, este grande caminho que leva, desde o velho tempo da espera (a maternidade de Israel), ao novo tempo da plenitude messiânica. "Quando chegou a plenitude dos tempos, enviou Deus seu Filho, nascido de uma mulher, nascido sob a Lei" (Gl 4,4).

Márcia Terezinha Cesar Miné Geraldo
Bacharel em Teologia pela Faculdade Dehoniana, Mestre em Teologia Sistemática pela PUC-Rio e Especialista em Mariologia pela Faculdade Dehoniana e Academia Marial de Aparecida, leiga, mãe, esposa e avó.

NOTAS

[1] Cf. Leonardo BOFF, *O Rosto materno de Deus*, Petrópolis: Vozes, 1998, p. 130-131.
[2] Cf. Inácio, LARRAÑAGA, *O Silêncio de Maria*, São Paulo: Paulinas, 1977, p. 92-93.
[3] Cf. Afonso MURAD. *Maria no coração da Igreja*. São Paulo: Paulinas, p. 34.
[4] Cf. Clara, TEMPORELLI, *Maria mulher de Deus e dos pobres*, São Paulo: Paulus, 2011, p. 260-262.
[5] Cf. Gl 4,4.
[6] Cf. Afonso MURAD, Perfil de Maria numa sociedade plural, *in* UNIÃO MARISTA DO BRASIL (org.), *Maria no coração da Igreja. Múltiplos olhares sobre a Mariologia*, 2011, p. 26.
[7] *Idem*, p. 27.
[8] Cf. Clodovis BOFF, *O cotidiano de Maria de Nazaré*, 2009, p. 10.
[9] Cf. Afonso MURAD, *op. cit.*, p. 28.
[10] A *berakah* é a dinâmica da espiritualidade do Antigo e do Novo Testamento (cf. Luiz, ROSA, *Uma janela para o mundo bíblico*, disponível em: ww.abiblia.org/ver.php?id=1271, acesso em: 16/04/2017).
[11] A importância da bênção é muito acentuada pelo escritor hebreu Robert ARON, *Gli anni oscuri di Gesú*. Milão, Mondori, 1978, p. 74-76 (original francês: Paris, Ed. Bernard Grasset, 1960); *Così pregava l'ebreo Gesù*. Casale Monferrato (Al), Marietti, 1982, p. 48-60 (original francês: Paris, Ed. Grasset et Frasquelle, 1968).
[12] Para essas duas bênçãos, cf. Robert ARON, *Così pregava l'ebreo Gesù*, 1982, p. 55.
[13] Cf. *Idem*, p. 59-60.
[14] Cf. Afonso MURAD, *Toda de Deus e tão humana*, 2012, p. 45.
[15] Cf. Lina BOFF, *op. cit.*, p. 64-65.
[16] Cf. *Idem*, p. 143.
[17] Cf. Lina BOFF, Maria, a mulher, *in* UNIÃO MARISTA DO BRASIL (org.), *op. cit.*, p. 40.
[18] Cf. Leonardo BOFF, *Saber cuidar. Ética do Humano – compaixão pela terra*, 1999, p. 142-143.
[19] Cf. Lina BOFF, *Maria na vida do Povo*, 2001, p. 22.

[20] Cf. MURAD, Afonso, *Toda de Deus e tão humana*, São Paulo: Paulus, 2016, p. 100-101.
[21] Cf. Clodovis BOFF, *op. cit.*, p. 109.
[22] Cf. *Idem*, p. 110.
[23] Cf. Stefano de FIORES; Salvatore MEO, *Dicionário de Mariologia*, 1995, p. 871.
[24] Cf. *Idem*, p. 872.
[25] Cf. Clodovis BOFF, *Mariologia Social, o significado da virgem para a sociedade*, 2006, p. 414-415.
[26] Cf. Lina BOFF, *Como tudo começou com Maria de Nazaré*, 2016, p. 56.
[27] Cf. *Idem*, p. 56-57.
[28] Cf. Afonso MURAD, *op. cit.*, p. 54.
[29] Cf. TOMÁS DE AQUINO, *Suma Teológica*, I, q. 83, a. 3: sobre a electio como ato próprio do livre-arbítrio; e III, q. a. 4: sobre Cristo como possuidor do livre-arbítrio.
[30] Cf. Clodovis BOFF, *op. cit.*, p. 418-419.
[31] Cf. Kathleen COYLE, *Maria plena de Deus e tão nossa*, 2012, p. 84-85.
[32] Cf. Alfonso G. RUBIO, *O Humano Integrado, abordagens de antropologia teológica*, 2007, p. 287.
[33] Cf. *Idem*, p. 429.
[34] Cf. *Idem*, p. 438.
[35] Cf. Barbara BUCKER; Lina BOFF; M. Carmem AVELAR, *Maria e a Trindade*, 2002, p. 108.
[36] Cf. Clodovis BOFF, *op. cit.*, p. 438-439.
[37] Cf. O Silêncio de Maria (cf. GALVÃO Antônio Mesquita, disponível em: https://www.recantodasletras.com.br/artigos/2954714, acesso em 3/5/2018).
[38] Cf. Inácio LARRAÑAGA.*O Silêncio de Maria*. São Paulo: Paulinas, 1998. p. 15-20.
[39] Cf. René LAURENTIN, *Teologia Mariana*, 1965, p. 127.
[40] Cf. *Ibidem*.
[41] Cf. Lina BOFF, *Como tudo começou com Maria de Nazaré*, 2016, p. 55.
[42] Cf. *Idem*, p. 60.
[43] Para os antigos gregos a palavra TEO-logia significava louvor a Deus, render ao Deus verdadeiro o louvor mais perfeito.
[44] Cf. *Idem*, p. 61.
[45] Cf. Raniero CANTALAMESSA, *Maria um espelho para a Igreja*, 2017, p. 48.
[46] Cf. Clara TEMPORELLI, *Maria mulher de Deus e dos pobres*, 2011, p. 223-224.
[47] Cf. Inácio LARRAÑAGA, *O silêncio de Maria*, 1977, p. 141.
[48] Cf. Alfonso, R. GARCIA. *O encontro com Jesus Cristo vivo*. 2001. p. 156-157.
[49] Cf. Clara TEMPORELLI, *Maria mulher de Deus e dos pobres*, 2011, p. 224-225.

REFERÊNCIAS

ARON, Robert. *Così pregava l'ebreo*. Casale Monferrato: Marietti, 1982 (original francês: Paris, Ed. Grassetet Fraquelle, 1968).

BOFF, Leonardo. *O Rosto Materno de Deus*, Petrópolis: Vozes. 1998.

_____, Leonardo. *Saber cuidar, Ética do Humano – compaixão pela terra*, Petrópolis: Vozes, 1999.

_____, Lina. *Como tudo começou com Maria de Nazaré*, Rio de Janeiro: Letra Capital, 2016.

_____, Lina. *Maria na vida do povo. Ensaios de mariologia na ótica latino-americana e caribenha*, São Paulo: Paulus, 2001.

_____, Clodovis. *Mariologia social*, São Paulo: Paulus, 2013.

_____, Clodovis. *O cotidiano de Maria de Nazaré*, São Paulo: Salesiana, 2009.

BAKER, Bárbara; BOFF, Lina; AVELAR, M. Carmem. *Maria e a Trindade*, São Paulo: Paulinas, 2004.

CANTALAMESSA, Raniero. *Maria um espelho para a Igreja*. Aparecida: Santuário, 1992.

COYLE, Kathleen. *Maria Tão Plena de Deus e Tão Nossa*, São Paulo: Paulus, 2012.

DE FIORES, Stefano; MEO, Salvatore (org.). *Dicionário de Mariologia*. São Paulo: Paulus, 1995.

GARCIA RUBIO, Alfonso. *O Encontro com Jesus Cristo Vivo, um ensaio de cristologia para nossos dias*, São Paulo: Paulinas, 2005.

GARCIA RUBIO, Alfonso. *O Humano Integrado, abordagens de antropologia teológica*. Petrópolis: Vozes, 2007.

LARRAÑAGA, Inácio. *O silêncio de Maria*, São Paulo: Paulinas, 1977.

MESQUITA GALVÃO, Antônio. *O Silêncio de Maria*, disponível em: https://www.recantodasletras.com.br/artigos/2954714, acesso em 03/05/2018).

MURAD, Afonso. *Maria Toda de Deus e Tão humana*. Compêndio de Mariologia. São Paulo: Paulinas, 2012.

TEMPORELI, Clara. *Maria mulher de Deus e dos pobres*, São Paulo: Paulus, 2011.

TOMÁS DE AQUINO. *Suma Teológica*, I, q. 83, a. 3: sobre a electio como ato próprio do livre-arbítrio; e III, q. a. 4: sobre Cristo como possuidor do livre-arbítrio.

UNIÃO MARISTA DO BRASIL. *Maria no coração da Igreja. Múltiplos olhares sobre a Mariologia*. São Paulo: Paulinas, 2011.

ÍNDICE

Introdução 3

1. Fecundidade do silêncio 5
   1.1. Primeiro silêncio 6
   1.2. Segundo silêncio 8
   1.3. Terceiro silêncio 9
   1.4. Quarto silêncio 10
   1.5. Quinto silêncio 11

2. O caminho do silêncio 13

3. Os frutos do silêncio 19

Conclusão 23
Notas 25
Referências 27

Este livro foi composto com as famílias tipográficas Segoe UI e Lithograph Light
e impresso em papel offset 70g/m² pela **Gráfica Santuário**.